金装典藏版

童眼识天下
TONGYAN SHI TIANXIA

恐龙世纪

张春杰 编

机械工业出版社
CHINA MACHINE PRESS

目　录

蜥臀目恐龙

鸟臀目恐龙

其他远古爬行动物

恐龙分为蜥臀目和鸟臀目两大分支。其中，蜥臀目又包括兽脚亚目（兽脚类恐龙）与蜥脚亚目（蜥脚类恐龙）。兽脚类恐龙包含了所有的肉食性恐龙，是鸟类的祖先；蜥脚类恐龙则是迄今为止陆地上体型最庞大的植食性动物。

霸王龙头部狭长、庞大，两颊发达，口中有巨大的牙齿，令所有对手胆寒。

霸王龙的前肢又细又短，并且只有两根指，指上长有爪子。

bà wáng lóng
霸王龙

中生代的最后一个时期，也就是距今 7000 万至 6500 万年前的白垩纪晚期，在现今北美洲地区生活着恐龙世界中最著名、最凶猛的捕食者——霸王龙。

虽然霸王龙并非有史以来陆地上最大的肉食性恐龙，但在其生活的时代，它无疑是最大的。霸王龙的咬合力大于任何一种陆生动物，只要上下颌一用力，就可以咬碎猎物的骨头。

霸王龙的牙齿非常大，但它可能连嚼都不嚼，就可以把一些小型猎物直接吞进肚。

恐龙资料卡

时期：	白垩纪晚期
分布地：	北美洲
栖息地：	森林和沼泽
食物：	肉类
成年体型：	长约 12 米

yì tè lóng
异特龙

恐龙资料卡

时期：侏罗纪晚期

分布地：北美洲、欧洲等

栖息地：平原

食物：肉类

成年体型：长约 12 米

距今 1 亿 5000 万年前的侏罗纪晚期，在现今北美洲、欧洲等地的平原地区生活着一种体型巨大、性情凶悍的肉食性恐龙，它就是著名的异特龙。因为这种恐龙被发掘较早，所以经常出现在各种影视作品和纪录片中，进而被大众所熟知。

经过研究推测，异特龙会集体狩猎，进而可以捕杀比自己体型更大的猎物。

异特龙的头骨非常大，眼睛前方长有一对角冠，角冠的形状与大小随个体而不同。

异特龙的尾巴又粗又长，可以帮助其身体保持平衡。

异特龙的前肢比较强壮，并且每个前肢都长有三根指，指上有锋利无比的指爪。

腔骨龙身体修长，四肢灵活。上肢相对短小，但却非常有力，可以帮助其攀爬和捕食其他小动物。

由于腔骨龙需要用尾巴来平衡身体，因此它的尾巴不能蜷曲，只能直伸着。

qiāng gǔ lóng
腔骨龙

腔骨龙的头部扁长，再加上尖利的牙齿和强有力的脖子，在撕咬猎物的时候，可以说是毫不费力。

三叠纪晚期，也就是距今约2.15亿年前，在现今北美洲、非洲南部以及亚洲东部地区生活着一种叫腔骨龙的小型肉食性恐龙。腔骨龙虽然不会像鸟一样飞翔，但却有着与鸟类相似的骨骼结构。

1889年，美国动物学家爱德华·德林克·科普将它命名为"腔骨龙"。这种恐龙体态轻盈，骨头中空且骨架纤细，动作敏捷，是天生的奔跑能手。

恐龙资料卡

时期：	三叠纪晚期
分布地：	北美洲、非洲南部、亚洲东部
栖息地：	沙漠平原
食物：	蜥蜴和鱼
成年体型：	长约3米

zhòng zhǎo lóng
重爪龙

重爪龙的眼睛长在头部的两侧，鼻子隆起，鼻孔靠后，靠近头顶的地方有一个冠状的突起。

恐龙资料卡

时期：	白垩纪早期
分布地：	欧洲西北部与西南部
栖息地：	河岸
食物：	鱼和肉类
成年体型：	长约9米

白垩纪早期，也就是距今1.25亿年前，在现今欧洲西北部与西南部地区生活着一种恐龙。它长着一对像钩子一样的巨型指爪，因此被命名为"重爪龙"。重爪龙属于肉食性恐龙，以前肢强壮、指爪有力而闻名。

重爪龙的身体与其他棘龙类恐龙不太一样，它的上下肢都很发达，并且胸部显得比较强壮，身体比较靠近地面。

重爪龙的头部看起来有点像鳄鱼的脑袋，上下都比较窄。

重爪龙的前肢非常强壮，每根指上都有指爪。

13

原角鼻龙的头部很大，但重量却没有看起来那么重，这是因为它的颅骨是由很薄的骨板组成的。

原角鼻龙主要依靠两条后腿走路，因此其后腿非常强壮。

yuán jiǎo bí lóng
原角鼻龙

侏罗纪中期，也就是距今约1.75亿年前，原角鼻龙生活在现今不列颠群岛地区。这种恐龙的鼻子上方中间长着两只不大的角，因此被称为"原角鼻龙"。它是冠龙的近亲，也是一种生性凶残的肉食性恐龙。

虽然原角鼻龙的个子不大，但它的奔跑速度却非常快。它那条有些僵硬的长尾巴，能使其在奔跑时实现快速转向而不会侧翻。

> 原角鼻龙给人印象深刻的是鼻子上的那两只角，还有从头部一直延伸到尾巴的锯齿状脊骨。

恐龙资料卡

时期：侏罗纪中期

分布地：不列颠群岛

栖息地：开阔的森林

食物：肉类

成年体型：长约2米

āi léi lā lóng
埃雷拉龙

埃雷拉龙捕猎的对象主要是一些小型的草食性恐龙和爬行类动物，甚至一些小昆虫也能成为它的美餐。

三叠纪中晚期，也就是距今约 2.3 亿年前，在现在南美洲南部的阿根廷地区生活着一种原始的兽脚类恐龙，即埃雷拉龙。它是最古老的肉食性恐龙之一。又由于不少肉食性恐龙与埃雷拉龙都有相似之处，因此其证明了恐龙同源说。

虽然埃雷拉龙生性凶猛，但它却喜欢安全的环境，其栖息处的地势一般较高，这样能减少其他恐龙的袭击。

恐龙资料卡

时期：	三叠纪中晚期
分布地：	南美洲
栖息地：	开阔的森林
食物：	肉类
成年体型：	长约 5 米

埃雷拉龙的个头不大，前肢相对较短，有五根指，但只有三根指上长有锐利的爪子。

埃雷拉龙的后腿长且有力，体态较轻盈，跑起来非常敏捷。

冰脊龙的头上横向长着一排坚硬的骨冠，一直延伸到头部两侧的眼睛附近。

冰脊龙的前肢短小，后肢则又粗又长，能够支撑其全身的重量。

bīng jǐ lóng
冰脊龙

距今约 1.93 亿年前的侏罗纪早期，在现今南极洲区域生活着一种叫"冰脊龙"的肉食性恐龙。科学家们也是在南极附近找到冰脊龙化石的。最让人印象深刻的是冰脊龙头顶上有一个骨质头冠。

有人认为，这种头冠可能是用来冲撞对手的，不过这种头冠似乎很难承受巨大力量的冲击；也有人猜测头冠可能是在求偶时用来展示的。

冰脊龙生活的时代，南极洲还比较暖和，不少动物在那里生活，这为冰脊龙提供了足够的食物。

恐龙资料卡

时期：	侏罗纪早期
分布地：	南极洲
栖息地：	山区
食物：	肉类
成年体型：	长约 6.5 米

19

jí lóng
棘龙

棘龙的头部又大又长，长度与一个成年人的身高差不多。在两只眼睛中间长有一块鼓鼓的东西，看起来像角一样。

白垩纪晚期，也就是距今约 9700 万年前，棘龙生活在现今非洲北部沿海地区。棘龙是有史以来陆地上体型最大的肉食性恐龙，甚至比霸王龙还大。棘龙与今天的鳄鱼相似，是一种水陆两栖恐龙，主要靠捕食鱼类为生。

科学家们推测，棘龙的背棘可能是用来求偶的，或者是帮助身体散热的，再或者是帮助身体储存能量的，就像现今骆驼的驼峰一样。

恐龙资料卡

时期：白垩纪晚期

分布地：非洲北部

栖息地：热带沼泽

食物：鱼和其他动物

成年体型：长 12~18 米

棘龙最明显的特点，就是魁梧的身体背部长着一面巨大的帆，让人一见难忘。

棘龙长长的大嘴巴看起来与鳄鱼的嘴巴有几分相似。

21

似鸵龙长着小巧的脑袋和细长灵活的脖子，一双圆溜溜的大眼睛时刻警惕地看着四周。

似鸵龙长有一对有力的后肢，还有一双弹跳能力很强的足，非常适合奔跑。

sì tuó lóng
似鸵龙

似鸵龙喜欢生活在河边的丛林里，因为那里不仅可以藏身，避免肉食性恐龙的袭击，还有丰富可口的美食。

白垩纪晚期，也就是距今约 7500 万年前，在现今北美洲北部地区生活着一种有点像鸵鸟的恐龙。科学家们将其命名为似鸵龙，意思是"模仿鸵鸟的恐龙"。这个名字似乎并不恰当，因为它比鸵鸟要古老得多。

似鸵龙属于小型恐龙，给人的印象是头长、脖子长、腿长、尾巴也长。特别是那条长长的尾巴，长度甚至已经超过整个身体的四分之三。

恐龙资料卡

时期：	白垩纪晚期
分布地：	北美洲北部
栖息地：	空旷地带、河岸
食物：	杂食
成年体型：	长约 4 米

sì jī lóng
似鸡龙

白垩纪晚期，也就是距今 7500 万至 6500 万年前，在今天的亚洲中东部地区生活着一种长得像鸡的恐龙，被命名为似鸡龙。虽然这种恐龙长得像鸡，但是它比鸡大多了，其身高甚至是成年人的 3 倍还要多一些。

似鸡龙不仅是体型最大的似鸟龙类恐龙，它还是恐龙家族里的短跑冠军，其逃生时的奔跑速度甚至比一匹赛马还要快。

虽然似鸡龙长着一双兽脚，但它却不是一种生性凶残的肉食性恐龙。

恐龙资料卡

时期：白垩纪晚期

分布地：亚洲中东部

栖息地：沙漠平原

食物：杂食

成年体型：长约 6 米

相对于身体，似鸡龙头部较小，就像现在的鸟类一样。它的颈部细长，身上的骨头则是中空的。

似鸡龙的后肢又细又长，强健有力，可以一步迈出很远，轻盈异常。

尾羽龙不仅头部又短又小，嘴巴也很短小，就像麻雀的短嘴巴一样。

尾羽龙的外形像那种体格粗壮的不飞鸟类，个头则与今天的孔雀差不多。

wěi yǔ lóng
尾羽龙

尾羽龙的身上确实生长着真正的羽毛，但它却并不会像鸟一样在空中飞翔。

白垩纪早期，也就是距今 1.3 亿至 1.2 亿年前，在现今我国东北地区生活着一种美丽的恐龙。这种恐龙最有特色的地方是尾巴上有一簇像扇子一样的羽毛，因此被科学家们命名为"尾羽龙"。虽然尾羽龙身披羽毛，但是其骨骼形态确实是恐龙。

尾羽龙不仅在尾巴上有漂亮的羽毛，前肢也有羽毛，这很容易让人误认为它是一种鸟类。但它并不是。

恐龙资料卡

时期：	白垩纪早期
分布地：	亚洲东部
栖息地：	湖滨和河岸
食物：	杂食
成年体型：	长约 1 米

líng dào lóng
伶盗龙

距今约 8500 万年前的白垩纪晚期，在亚洲中东部的蒙古高原地区，生活着一种动作灵敏、头脑聪明的恐龙，它们被称为"伶盗龙"。伶盗龙属于驰龙类恐龙，是一个体型不大，但奔跑速度超快，擅长捕猎的恐龙家族。

伶盗龙体型纤细，身披羽毛，并且和其他驰龙类一样，趾爪平时可以像翅膀一样收起来，捕猎时再张开。

伶盗龙属于小型恐龙，体长在两米左右，骨骼结构轻巧，非常适合快速奔跑。

恐龙资料卡

时期：	白垩纪晚期
分布地：	亚洲中东部
栖息地：	灌木丛和沙漠
食物：	肉类
成年体型：	长约 2 米

伶盗龙的头部又长又大，脖子却又短又粗。并且，其吻部与头部相比，显得又长又细。

伶盗龙的上肢和鸟类的翅膀相似，但其上肢末端却各长有三根锋利的指爪。

高棘龙的后肢非常强壮，虽然跑得不快，但却擅长面对面进行肉搏战。

高棘龙的嘴巴又大又长，里面的牙齿则像锯齿一样锋利。

gāo jí lóng
高棘龙

高棘龙最突出的特点就是其背上的棘状物，不但非常高，而且从脖子一直延伸到尾巴。

距今 1.2 亿至 1.1 亿年前的白垩纪早期，在现今北美洲地区，生活着一种背脊高耸的凶猛恐龙，它们被称为高棘龙。

根据高棘龙的化石推测，它不仅是一种生性凶残的大型肉食性恐龙，还是一个顶级捕猎者。高棘龙喜欢捕猎那些体型比自己大得多的植食性恐龙，如腕龙、波塞东龙以及易碎双腔龙等巨型蜥脚类和鸟臀类恐龙。

恐龙资料卡

时期：	白垩纪早期
分布地：	北美洲
栖息地：	平原和树林
食物：	肉类
成年体型：	长约 11 米

31

shuāng jí lóng
双嵴龙

双嵴龙的性情非常凶残，但平时却比较懒惰，经常会捡食其他动物的尸体，有时也会捕鱼。

距今约 1.93 亿年前的侏罗纪早期，在现今北美洲西南部地区生活着一种头上长有两片近似半椭圆形头冠的恐龙，它们被称为双嵴龙，又叫双冠龙。这是一种生性凶残的肉食性恐龙，战斗力非常强。

双嵴龙有一个非常特殊的弱点，那就是它那两片头冠十分脆弱，一旦被伤到，就会疼痛难忍，让它不敢再攻击对方。

恐龙资料卡

时期：	侏罗纪早期
分布地：	北美洲西南部
栖息地：	平原
食物：	肉类
成年体型：	长 6~7 米

经研究推测，双嵴龙头上的两片头冠不能作为武器，可能只是一种视觉辨识物。

双嵴龙前肢短小，后肢强壮，奔跑速度快，因此能够轻易追上猎物。

33

始盗龙的奔跑速度非常快，并且前肢长有锋利的爪子，能够捕杀与自己体型差不多的动物。

始盗龙长有强壮的股骨和肌肉，从而使其可以直立起来。

shǐ dào lóng
始盗龙

始盗龙是一种体型较小的恐龙，成年个体的体长约为1米，与一头狼的大小差不多。

三叠纪中期，也就是距今2.3亿至2.25亿年前，始盗龙生活在南美洲南部地区。这种名为"始盗龙"的小型恐龙，是最早的恐龙之一。它学名的意思为"黎明的盗贼"。

虽然始盗龙被认为是一种早期恐龙，但其在恐龙演化史上的定位仍未确定，现暂时归于蜥臀目中的兽脚类恐龙。始盗龙主要猎食小型动物，但也可能会袭击大型猎物。

恐龙资料卡

时期：三叠纪中期

分布地：南美洲南部

栖息地：河谷

食物：杂食

成年体型：长约1米

bǎn lóng
板龙

板龙长得很高，两条后腿也能支撑起整个身体的重量，使其吃高处的树叶非常方便。

三叠纪晚期，也就是距今 2.2 亿至 2.1 亿年前，板龙在现今欧洲西部和北部地区生活。板龙不仅属于早期恐龙族群之一，还是最大的原蜥脚类恐龙之一，以及最早被命名的恐龙之一。板龙主要进食地面上的植物，是生活在地球上的第一种巨型植食性恐龙。

板龙的体型庞大，中部躯干部分又粗又圆，其圆滚滚的肚子，像一只非常大的酒桶。

恐龙资料卡

时期：三叠纪晚期

分布地：欧洲西部和北部

栖息地：平原

食物：植物

成年体型：长约 8 米

板龙的头部非常小，与脖子的粗细程度差不多，不过非常结实，经得起较强的冲击。

板龙的拇指上长有弯弯的长爪，可以用来自卫和钩住树枝。

腕龙的脖子非常长，并且由于其过于高大，所以看起来像一幢可以移动的高楼。

成年腕龙的体重相当于成年非洲象的 12 倍左右。

wàn lóng
腕龙

侏罗纪晚期，也就是距今 1.5 亿至 1.45 亿年前，在现在的北美洲地区生活着一种体型巨大的植食性恐龙，它们被命名为"腕龙"。

腕龙的体重可达 30~50 吨，它是曾经生活在陆地上最高大的动物之一，也是体型最大的蜥脚类恐龙之一。腕龙的前肢非常健壮，并且长度也超过了后肢的长度，这在整个动物世界中是比较少见的。

虽然腕龙的身形巨大，但是行动缓慢，很容易遭到其他肉食性动物的袭击。因此，它们一般都是群居生活。

恐龙资料卡

时期：	侏罗纪晚期
分布地：	北美洲
栖息地：	平原
食物：	植物
成年体型：	长约 23 米

mǎ mén xī lóng
马门溪龙

马门溪龙的身形虽然十分巨大，但看起来却一点儿也不臃肿。它的长脖子和长尾巴，让整个身体显得非常匀称。

侏罗纪中晚期，也就是距今1.55亿至1.45亿年前，在现今我国四川省宜宾市马鸣溪地区生活着一种体型巨大的植食性恐龙，因为专家的口音问题，被记录人员错误地写成了马门溪龙，后来逐渐成为一种约定俗成的名字。

马门溪龙的长脖子由9节颈椎骨支撑，摆动起来较为灵活，所以使得它能够轻松吃到身旁和高处的食物。

恐龙资料卡

时期： 侏罗纪中晚期

分布地： 亚洲东部

栖息地： 三角洲和平原

食物： 植物

成年体型： 长约26米

马门溪龙的头部非常小，远看就像是脖子前端的一个锥尖。

马门溪龙的脖子又细又长，其长度占到了整个身体长度的一半。

圆顶龙的脑袋不大，头顶部位呈拱形，看起来像戴着一顶圆圆的帽子。

圆顶龙的头部呈箱状，吻部很钝，鼻孔较粗大。

42

yuán dǐng lóng
圆顶龙

侏罗纪晚期，也就是距今 1.5 亿至 1.4 亿年前，在现今美国犹他州、科罗拉多州、新墨西哥州等地区生活着一种长着拱形头颅骨的大型恐龙，它们被命名为"圆顶龙"。圆顶龙是北美洲最常见的蜥脚类恐龙之一。

圆顶龙的食物比较单一，主要是一些蕨类植物和松科植物的枝叶。由于圆顶龙的牙齿不适合咀嚼，因此它会吃一些砂石来帮助消化食物。

圆顶龙没有抚育后代的习惯，产卵的时候也非常随便，产过后就不再管，交给阳光来孵化。

恐龙资料卡

时期： 侏罗纪晚期

分布地： 北美洲

栖息地： 开阔的森林

食物： 植物

成年体型： 长约 18 米

43

dà zhuī lóng
大椎龙

侏罗纪早期，也就是距今 2 亿至 1.83 亿年前，大椎龙在现今非洲南部地区生活。大椎龙又叫巨椎龙，是在 1854 年，由英国古生物学家理查德·欧文根据来自南非的化石将其命名的。大椎龙是最早被命名的恐龙之一。

虽然大椎龙是植食性恐龙，但是它还会吃一些小型动物或动物尸体。此外，它会吞一些小石头来帮助消化食物。

大椎龙的呼吸系统比较特殊，除了肺部以外，还有像鸟类一样的气囊，这使其获得了良好的呼吸能力。

恐龙资料卡

时期：侏罗纪早期

分布地：非洲南部

栖息地：森林

食物：植物

成年体型：长 4~6 米

大椎龙的脑袋比较小，头骨有许多窝孔，椭圆形的鼻孔位于头部的正前方。

大椎龙的后肢非常强壮，这使其可以站立起来，吃到树上的叶子。

梁龙的头部非常小，就像脖子前端的小锥体，面部比较狭窄，鼻孔长在头顶上。

梁龙的尾巴像一条长鞭，并且其长度与身体剩余部分的长度相等。

46

liáng lóng
梁龙

在侏罗纪晚期，也就是距今1.5亿至1.45亿年前，梁龙生活在现今北美洲南部地区。

梁龙有着巨大的身躯、长长的脖颈、长长的尾巴及强壮的四肢，被认为是体长最长的恐龙。它的食物主要是树木顶端的嫩叶。当一个地区的树叶吃完后，它就会迁徙到下一个植物生长茂盛的地区。

梁龙比迷惑龙、腕龙的身体要长，但是由于头尾很长，躯干很短，因此体重并不太重。

恐龙资料卡

时期：	侏罗纪晚期
分布地：	北美洲南部
栖息地：	平原
食物：	植物
成年体型：	长约25米

jīng lóng
鲸龙

鲸龙的脊椎骨是实心的，显得非常结实厚重。但其脊椎骨上有着与鲸类似的海绵状孔洞，这也是其名字的由来。

鲸龙生活在距今 1.81 亿至 1.69 亿年侏罗纪中晚期的非洲北部和欧洲西部的不列颠群岛地区。鲸龙名字的意思是"像鲸的恐龙"。

由于鲸龙的身躯庞大、沉重，行动不便，因此它只能生活在海边低地。又由于其脖颈不灵活，因此它只能低头喝水，或是啃食蕨类植物和其他小型树木的叶子。

恐龙资料卡

时期：	侏罗纪中晚期
分布地：	欧洲西部、非洲北部
栖息地：	海边低地
食物：	植物
成年体型：	长 14~18 米

鲸龙的四肢长度基本相当，身体重量比较均衡。与脖颈相比，尾巴的长度更长一些。

鲸龙口中的牙齿像耙子一样，可以直接扯下树叶。

迷惑龙的头部很小，与梁龙的头部有些相似，从侧面看，像蛇类的三角形脑袋。

迷惑龙的尾巴非常长且尖端细，就像一条鞭子，甩动时的响声震天。

mí huò lóng
迷惑龙

迷惑龙生活在距今约 1.5 亿年前侏罗纪晚期的现今北美洲地区。它是一种性情温和的大型植食性恐龙。

科学家们经过研究推测，迷惑龙很可能并非站着吃高处的树叶，而是用它强壮的四肢和沉重的身体把树干推倒后，再低下头吃树上的叶子。同时，由于迷惑龙需要吃大量食物，花费时间很长，因此它会不加咀嚼就把食物吞到肚子里去。

由于迷惑龙的脖子比梁龙的短而粗，腿部也比梁龙的长而粗，因此它比梁龙显得强壮。

恐龙资料卡

时期：侏罗纪晚期

分布地：北美洲

栖息地：森林

食物：植物

成年体型：长约23米

niǎo tún mù kǒng lóng
鸟臀目恐龙

鸟臀目恐龙也称为鸟臀目植食性恐龙，最早出现于中生代三叠纪晚期。其腰臀部骨骼结构与鸟类相似，颌部长有喙，便于咬下叶子；腹部也较大，有助于消化食物。鸟臀目恐龙分为鸟脚类、覆盾甲龙类以及头饰龙类。

fù zhì lóng
副栉龙

副栉龙生活的地区，在当时气候相对温暖，有非常丰富的蕨类植物和被子类植物，可以作为食物。

白垩纪晚期，也就是距今 7600 万至 7400 万年前，在现今加拿大的艾伯塔省、美国的新墨西哥州和犹他州等地区生活着一种头部长有冠饰的鸭嘴龙类恐龙，它们被命名为副栉龙。

通过科学家们对副栉龙骨骼化石的分析，可知其脊椎上的神经棘比较高大，这在一定程度上增加了它们的背部高度，使之超过了臀部高度。

恐龙资料卡

时期：	白垩纪晚期
分布地：	北美洲
栖息地：	森林
食物：	植物
成年体型：	长约 9 米

副栉龙头顶上的冠饰由前上颚骨与鼻骨构成，并向头部后方延伸。

副栉龙通常以两足奔跑，不过也可以采用四足方式行走。

埃德蒙顿龙的头部形状相对平坦，头顶没有脊冠，长有类似鸭嘴状的喙嘴。

埃德蒙顿龙的前肢较短，呈蹄状，上面长着厚厚的肉垫。

āi dé méng dùn lóng
埃德蒙顿龙

白垩纪晚期，也就是距今 7500 万至 6500 万年前，在现今北美洲地区生活着一种体型巨大的鸭嘴龙类恐龙。1917 年，人们在加拿大艾伯塔省的埃德蒙顿市发现了这种恐龙的第一块化石，因此它们后来被命名为"埃德蒙顿龙"。

埃德蒙顿龙通常栖息于沼泽里，以植物的果实、种子以及嫩叶为食，并且每隔一段时间就会迁徙。

> 埃德蒙顿龙的体型大约是火车头的两倍大小，是最大的鸭嘴龙类恐龙之一。

恐龙资料卡

时期：	白垩纪晚期
分布地：	北美洲
栖息地：	沼泽
食物：	植物
成年体型：	长约 13 米

léng chǐ lóng
棱齿龙

棱齿龙擅长躲闪和迂回奔跑，它常凭借此优势从捕食者的口中逃脱。

白垩纪早期，也就是距今 1.25 亿至 1.2 亿年前，棱齿龙生活在现今欧洲西部地区。它们之前被误认为是未成年的禽龙，直到 1870 年才被正式确定名称。棱齿龙是一种体型较小、动作敏捷、视力敏锐的、依靠两足行走的植食性恐龙。

科学家们推测，棱齿龙喜欢在覆盖着蕨类和植被的平原地区过着群居生活，并且每群拥有一只领头龙。

恐龙资料卡

时期：	白垩纪早期
分布地：	欧洲西部
栖息地：	森林
食物：	植物
成年体型：	长约 2 米

棱齿龙的头部只有成人拳头大小，上牙齿冠向内弯曲，下牙齿冠则向外弯曲。

棱齿龙的后肢修长，小腿比大腿长，并且腿部肌肉发达，更加利于发力。

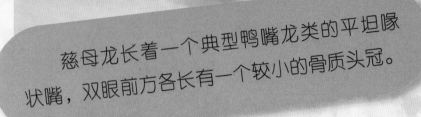

慈母龙长着一个典型鸭嘴龙类的平坦喙状嘴，双眼前方各长有一个较小的骨质头冠。

慈母龙一般用四足行走，跑步时则用双腿，并且跑得很快。

cí mǔ lóng
慈母龙

慈母龙习惯在窝中生产，而小慈母龙要在父母身边长到15岁之后，才会独立生活。

　　慈母龙生活在白垩纪晚期，距今8000万至7400万年前的北美洲地区。1979年，科学家们在美国蒙大拿州发现了一些恐龙窝化石，同时在周围还发现了几具恐龙化石。于是，他们把这种恐龙命名为"慈母龙"。

　　慈母龙属于植食性恐龙。慈母龙的巢穴一般聚集在地势较高的地方，并且以群体活动为主，主要食物是各种蕨类植物和树叶。

恐龙资料卡

时期：	白垩纪晚期
分布地：	北美洲
栖息地：	海岸平原
食物：	植物
成年体型：	长约9米

qín lóng
禽龙

白垩纪早期，也就是距今约 1.35 亿至 1.25 亿年前，禽龙生活在现今欧洲地区。19 世纪 20 年代，人们发现了禽龙的化石，它是第二种被鉴定为恐龙的史前动物。

禽龙的体型和今天的大象相近。它主要靠四肢行走，并且以低矮植物为食。禽龙的后肢比前肢粗壮得多，这使得其可以站立起来，并且可以用两足奔跑。

禽龙曾被认为背部长着大型帆状物，与著名的棘龙相似，但研究发现那只是隆起的肉。

恐龙资料卡

时期:	白垩纪早期
分布地:	欧洲
栖息地:	森林
食物:	植物
成年体型:	长约 9 米

禽龙前肢的拇指上长有锋利的尖爪，其最大用途是用于自卫。

禽龙的前肢上各中间长有三根有力的指爪，两侧则长着一根小指爪和一根拇指爪。

鸭嘴龙的后肢有点类似鸟脚的形态，并且前后肢上的每根指上都长有类似爪蹄形状的末趾。

鸭嘴龙的头骨高度一般都较高，嘴部宽扁，呈现鸭嘴状。

yā zuǐ lóng
鸭嘴龙

鸭嘴龙比较明显的特征就是头顶上长着脊冠。据推测，其作用是放大声音，威慑其他动物。

白垩纪晚期，也就是距今 8000 万至 7400 万年前，鸭嘴龙生活在北美洲地区。鸭嘴龙的前上颌骨和前齿骨逐渐延伸，并且横向扩展，整体看上去比较像鸭子的嘴，因此得名"鸭嘴龙"。

鸭嘴龙的体型较为庞大，颈椎和背椎整体呈现为后凹型，背椎神经弧较高，略微隆起。它的骨骼结实，肌肉有力，运动机能比较发达，是恐龙家族中有名的奔跑健将。

恐龙资料卡

时期：白垩纪晚期
分布地：北美洲
栖息地：森林
食物：植物
成年体型：长约 9 米

yuán jiǎo lóng
原角龙

白垩纪晚期，也就是距今 7400 万至 6500 万年前，在现今亚洲中东部地区生活着一种名为"原角龙"的小型角龙类恐龙。原角龙的头颈部不具备发育完好的角状物，并且还具有一些原始角龙类的特征。

原角龙喜欢群居生活，食物大多是那些生命力强、耐干旱的沙漠植物。根据对原角龙化石的研究，推测其铲状爪子可能是用于挖掘洞穴。

原角龙是一种早期角龙类恐龙，头上无角，但因其鼻骨上长有突起，故被称为"原角龙"。

恐龙资料卡

时期：	白垩纪晚期
分布地：	亚洲中东部
栖息地：	沙漠
食物：	沙漠植物
成年体型：	长约 1.8 米

原角龙的头部较大，后面还长着一些带有褶边的宽阔颈盾，并且雄性的颈盾略大于雌性。

原角龙的体型较为肥胖，四肢相对较短，并且长着宽宽的铲状爪子。

67

三角龙的体型较大，仅头部的长度，就相当于一个成年人的身高。

三角龙强有力的喙可以咬下坚韧的植物，然后用剪刀般的牙齿将这些植物剪下、切碎。

sān jiǎo lóng
三角龙

白垩纪晚期，也就是距今 7000 万至 6500 万年前，在现今北美洲地区生活着一种叫"三角龙"的角龙类恐龙。三角龙是植食性恐龙，它与霸王龙生活在同一时期、同一区域。

三角龙名字中之所以有"三角"，是因为其鼻子上长有一只短角，额头上又长了两只长角。三角龙出现的时间很晚，常被人们认为是白垩纪晚期最具代表性的恐龙之一。

三角龙的脖子十分灵活，这可以使它不仅能吃到树上的叶子，也能吃到地面上的植物。

恐龙资料卡

时期：	白垩纪晚期
分布地：	北美洲
栖息地：	森林
食物：	植物
成年体型：	长约 9 米

shuāng jiǎo lóng
双角龙

双角龙生活在白垩纪晚期，距今 7400 万至 6500 万年前的北美洲地区。由于其仅有一具保存不太好的头骨化石，因此之前许多年，双角龙一直被认为是三角龙的一种。直到 1996 年，双角龙才被正式确认为一个独立的角龙类分支。

双角龙也是植食性恐龙，它既能够食用低矮的蕨类植物，也可以用自己的喙状嘴咬下高处的树叶、针叶等。

虽然双角龙与三角龙相似，但与三角龙的头骨相比，双角龙的头骨较大，面部较短。

恐龙资料卡

时期：	白垩纪晚期
分布地：	北美洲
栖息地：	森林
食物：	植物
成年体型：	长约 9 米

70

双角龙的鼻子上长着一个明显的圆形隆起。此外，它的嘴和鹦鹉的嘴相似，都是喙状嘴。

双角龙头部化石的颈盾上有大型孔洞，这是三角龙所没有的。

71

厚鼻龙的鼻子上长有巨大、平坦的隆起物，眼睛上方也长有小一些的隆起物。

虽然厚鼻龙的后肢比前肢稍长，但它只能靠四肢行走。

hòu bí lóng
厚鼻龙

由于性别差异和生存环境因素影响，厚鼻龙的头盾、头角的形状与大小因个体差异而不同。

厚鼻龙生活在白垩纪晚期，也就是距今 7400 万至 6900 万年前的北美洲地区。厚鼻龙是角龙类恐龙中的一员，因其鼻子和眼睛上方长有厚厚的隆起物而得名。

厚鼻龙是植食性恐龙，以坚硬且富含纤维的植物为食，它的喙状嘴能够轻易啃咬植物。厚鼻龙过着群居的生活，整个族群通常会一起觅食，一起抵御其他肉食性恐龙的袭击。

恐龙资料卡

时期：白垩纪晚期

分布地：北美洲

栖息地：森林

食物：植物

成年体型：长 5~6 米

73

jiān jiǎo lóng
尖角龙

由于河流、湖泊沿岸的植被茂盛，便于取食，因此尖角龙一般以群居的方式生活在这里。

白垩纪早期，也就是距今 7400 万至 6500 万年前，在现今北美洲北部地区生活着一种名为"尖角龙"的角龙类恐龙。尖角龙头部的颈盾和鼻角，不仅可以用来防御其他肉食性恐龙的攻击，还可以用来与同类进行争斗。

尖角龙是植食性恐龙。由于头部和颈盾与身体比起来显得十分巨大，颈部和肩部的活动幅度较小，因此尖角龙一般以低矮的植物为食。

恐龙资料卡

时期：	白垩纪早期
分布地：	北美洲北部
栖息地：	开阔的林地
食物：	植物
成年体型：	长 6~8 米

尖角龙的颈盾较长，上面有不少孔洞，其周围边缘部分还长着一圈小尖角。

尖角龙的尾巴虽然又粗又短，但能够帮其维持整个身体的平衡。

剑龙的背部呈拱起状，其上长有两列高高的菱形骨板，据推测可能是用于求偶或社交。

剑龙尾巴末端长着锋利的尖刺，是其非常依仗的厉害武器。

jiàn lóng
剑龙

侏罗纪晚期，也就是距今 1.5 亿至 1.45 亿年前，在现今北美洲、欧洲地区生活着一种名为"剑龙"的植食性恐龙。剑龙的体型庞大，背部长有两排骨板，用四肢行走。

剑龙的嘴部前端是由角质构成的无齿喙嘴，后面是成排的牙齿，用来将食物咬碎并研磨成浆状，再咽到肚子里，以方便消化。剑龙的嘴巴只能做简单的上下开合运动。

> 剑龙的头部在所有恐龙中几乎是最小的，并且其脑容量也非常小。

恐龙资料卡

时期：	侏罗纪晚期
分布地：	北美洲、欧洲
栖息地：	森林
食物：	植物
成年体型：	长约 9 米

dīng zhuàng lóng
钉状龙

钉状龙是植食性恐龙，主要以低矮植物的茎叶为食，植物的果实也是其不错的选择。

钉状龙生活在侏罗纪晚期，也就是距今1.56亿至1.5亿年前的非洲东部地区。钉状龙学名意思为"有尖刺的爬行动物"。因为其肩膀、背部以及尾巴上都长有坚韧的棘刺，这使得其他肉食性恐龙难以靠近。

目前，人们还未找到完整的钉状龙头骨化石，但据推测可知，其吻部外形狭窄，嘴里长着细细的牙齿，与其他剑龙类恐龙一样。

恐龙资料卡

时期： 侏罗纪晚期

分布地： 非洲东部

栖息地： 森林

食物： 植物

成年体型： 长约5米

由于钉状龙身上长着沉重的骨板和钉刺，因此其不善奔跑。

钉状龙的脑容量较小，因此人们推测这类恐龙的智商应该不高。

华阳龙的头骨较宽，并且厚重。其吻部上颌前端还长有牙齿。

华阳龙的四肢几乎一样长，其他剑龙类恐龙则是后肢较前肢长。

huá yáng lóng
华阳龙

侏罗纪中期，也就是距今约 1.65 亿年前，在现今中国四川省地区生活着一种早期剑龙类恐龙，它们被称为"华阳龙"。华阳龙喜欢在河谷沿岸觅食，那里长满了矮小的蕨类植物，是适合进食的好地方。

华阳龙的体型较小，身高较低，够不到生长在高大树木上的嫩叶和果实，因此其食物选择范围相对较窄。

华阳龙的化石在中国四川省自贡市附近的大山铺采石场发现。

恐龙资料卡

时期：	侏罗纪中期
分布地：	亚洲东部
栖息地：	河谷
食物：	植物
成年体型：	长约 4 米

bāo tóu lóng
包头龙

虽然包头龙成年个体的体型不大，相当于两头成年犀牛的大小，但却是体型最大的覆盾甲龙类恐龙之一。

白垩纪晚期，也就是距今 7000 万至 6500 万年前，在现今北美洲地区生活着一种名为"包头龙"的覆盾甲龙类恐龙。尽管包头龙的身体笨重，后肢粗壮，但其脚部却非常灵活。

未成年的包头龙多是群居生活，成年后则喜欢独来独往的自由生活。包头龙属于植食性恐龙，主要吃一些地面上的蕨类植物，有时也会吃一些植物的根茎。

恐龙资料卡

时期：	白垩纪晚期
分布地：	北美洲
栖息地：	森林
食物：	植物
成年体型：	长约 6 米

82

包头龙的尾端长有骨质的尾锤，能够灵活甩动，是其最为倚重的防御武器。

包头龙的颈部较短，头骨扁平，头上覆盖着坚硬如岩石的盔甲。

其他远古爬行动物

qí tā yuǎn gǔ pá xíng dòng wù

其他远古爬行动物主要是指那些与恐龙同时期的，形态与恐龙相似的脊椎动物。比如，能够翱翔于天空中的翼龙类，以及能够遨游于海洋里的蛇颈龙类、幻龙类、鱼龙类等远古动物。

风神翼龙的脑袋非常长，其未成年个体的头骨就有1米左右。此外，其头上长有脊冠，有别于其他翼龙。

风神翼龙的腿很长，身体也很轻盈，远看就像放大版的鹤或鹳。

fēng shén yì lóng
风神翼龙

成年风神翼龙的体型大约和一只成年长颈鹿差不多，其双翼展开足有 10 ~ 11 米宽。

在距今 7000 万至 6500 万年前的白垩纪晚期，在现今北美洲地区生活着一种会飞翔的巨大爬行类动物，即风神翼龙。它们也是恐龙的近亲，是地球上迄今出现过的最大的飞行动物之一。

风神翼龙虽然能够飞翔，但脖子却不太灵活，因此在空中的捕食能力不强，以致其大多时候还是在地面捕食猎物。另外，风神翼龙繁殖后代的任务也是在地面上完成的。

动物资料卡

时期：	白垩纪晚期
分布地：	北美洲
栖息地：	平原和林地
食物：	肉类
成年体型：	翼展为 10~11 米

yì shǒu lóng
翼手龙

在侏罗纪晚期，也就是距今 1.5 亿至 1.44 亿年前，在现今欧洲地区生活着一种体型较小的翼龙类爬行动物，即"翼手龙"。由于被发现的翼手龙骨架化石，大多保存完整，故使其成为最广为人知的翼龙之一。

翼手龙的尾巴很短，颈部也比早期翼龙长，这些特点使其相较于祖先更善于在天空中飞行。

> 翼手龙的头骨轻，后肢较短，骨骼为中空结构，并且非常薄，整体形态非常适合飞行。

动物资料卡

时期：	侏罗纪晚期
分布地：	欧洲
栖息地：	沿海
食物：	肉类
成年体型：	翼展约为 0.3 米

翼手龙两翼与现今蝙蝠两翼的结构非常相似，都是膜翼结构。

翼手龙两翼上的膜非常坚韧，稍稍扇动就可以获得空气对它的巨大反作用力，助其快速飞行。

经研究发现，无齿翼龙又长又大的脊冠可能只是用来展示和求偶。

一旦锁定海里的目标，无齿翼龙就会像许多现今的海鸟一样，一头扎入海里。

wú chǐ yì lóng
无齿翼龙

在距今 8800 万至 8000 万年前的白垩纪中期，在现今北美洲地区生活着一种没有牙齿的巨大翼龙，它们被称为"无齿翼龙"。它们是体型最大的翼龙之一，成年个体的翼展最长可达 9 米。

无齿翼龙通常以群居的方式生活在沿海地区。由于无齿翼龙没有牙齿，因此它们一般是用细长的尖喙来叼起猎物。

无齿翼龙的飞行方式很可能与现今的信天翁相似。它们在飞行时，只会偶尔鼓动双翼。

动物资料卡

时期：	白垩纪中期
分布地：	北美洲
栖息地：	沿海
食物：	肉类
成年体型：	翼展为 7~9 米

huàn lóng
幻龙

三叠纪中期，也就是距今 2.4 亿至 2.1 亿年前，在海洋中曾出现过一种类似于现今海豹的海生爬行动物——幻龙。在我国的贵州省，考古工作者们发现了很多幻龙化石，不但数量众多，而且保存也非常完整。

幻龙是由陆地动物逐渐演化而成的捕鱼能手。它们还不能完全适应水中的生活，有些还长着爪形足，这表示其仍能在陆地上爬行。

幻龙个体的体型大小不一，最小的身长只有 1 米多，最大的可达 4 米。

动物资料卡

时期：	三叠纪中期
分布地：	世界各地海洋
栖息地：	海洋
食物：	鱼类
成年体型：	长 1.2~4 米

幻龙的头颈均较长，嘴里长着细长的针状牙齿，并上下相扣形成笼状，能够将猎物困于口中。

幻龙很可能像海豹一样在水中捕食，在岸边休息。

克柔龙的颈部短小，头部硕大，颌中布满尖牙，是一种短颈蛇颈龙。

克柔龙四个巨大的鳍状肢像船桨一样，非常适合划水。

kè róu lóng
克柔龙

克柔龙生活在白垩纪晚期，也就是距今约 6500 万年前，它们是最大的海洋爬行动物之一。克柔龙和所有蛇颈龙类一样，需要浮到水面上呼吸。

早在 1889 年，人们就在澳大利亚的昆士兰发现了克柔龙的化石。1977 年，人们又在哥伦比亚发现了一副较完整的克柔龙化石。由化石的胃部残留物显示，克柔龙会以其他海洋爬行类，包括其他蛇颈龙类为食。

克柔龙的体型巨大，仅头部就长达 3 米，比一个成年人还长得多。

动物资料卡

时期：	白垩纪晚期
分布地：	大洋洲、南美洲
栖息地：	海洋
食物：	海洋爬行类、鱼类、软体动物
成年体型：	长约 10 米

蛇颈龙

shé jǐng lóng

侏罗纪早期，即距今2亿年前，在现今欧洲西部地区的海洋里生活着一种长着蛇状的脖子、小巧的头部以及鳍状四肢，样子古怪的海洋爬行动物，它的名字叫"蛇颈龙"。蛇颈龙曾经是海洋中的霸王，和鱼龙一起统治着海洋，但是在6500万年前的白垩纪终结时灭绝了。

蛇颈龙捕猎时，会先游到鱼群中，然后左右摆动脖子来咬住猎物。

蛇颈龙会象乌龟一样通过划动鳍状四肢在水中滑行，而尾巴因为很短而起不到什么作用。

动物资料卡

时期： 侏罗纪早期

分布地： 欧洲西部

栖息地： 海洋

食物： 鱼类、软体动物

成年体型： 长3~5米

蛇颈龙在海底缓慢游荡时，它的长脖子可以伸到海床上捕食猎物。

蛇颈龙的双颌可以大幅度张开，用圆锥形的牙齿捕猎。

狭翼鱼龙有着类似海豚的流线型身体，长满利齿的吻部，以及肌肉发达的鳍部。

狭翼鱼龙的游速非常快，最高可以达到100千米/小时。

xiá yì yú lóng
狭翼鱼龙

早在海豚出现以前，也就是距今1.95亿至1.55亿年前的侏罗纪早中期，现今西欧和南美洲南部地区生活着一类海生爬行动物，它们的体型和生活方式都与现今的海豚非常相似，这就是鱼龙类，而狭翼鱼龙就是其中一种。

根据研究推论，狭翼鱼龙像海豚一样，是胎生而非卵生。狭翼鱼龙妈妈在分娩的时候，狭翼鱼龙宝宝应是先露出尾巴，然后才露出身体。

狭翼鱼龙的一生都在海洋中度过。它长着三角形的背鳍，以及巨大的、半流线型的垂直尾鳍。

动物资料卡

时期： 侏罗纪早中期

分布地： 欧洲西部、南美洲南部

栖息地： 浅海

食物： 鱼类、软体动物

成年体型： 长约 4 米

图书在版编目（CIP）数据

童眼识天下：金装典藏版. 恐龙世纪 / 张春杰编. 一北
京：机械工业出版社，2023.1（2024.5 重印）
ISBN 978-7-111-72267-0

Ⅰ.①童… Ⅱ.①张… Ⅲ.①科学知识一儿童读物②
恐龙一儿童读物 Ⅳ.① Z228.1 ② Q915.864-49

中国版本图书馆 CIP 数据核字（2022）第 252868 号

机械工业出版社（北京市百万庄大街 22 号　邮政编码：100037）
策划编辑：王雷鸣　　　　　　　　　责任编辑：王雷鸣
责任校对：贾海霞　张　征　　　　　责任印制：李　昂
北京盛通印刷股份有限公司印刷

2024 年 5 月第 1 版第 2 次印刷　　　215mm×225mm·5 印张 ·80 千字
标准书号：ISBN 978-7-111-72267-0　　定价：35.00 元

电话服务　　　　　　　　　　　　　网络服务
客服电话：010-88361066　　　　　　机 工 官 网：www.cmpbook.com
　　　　　010-88379833　　　　　　机 工 官 博：weibo.com/cmp1952
　　　　　010-68326294　　　　　　金 书 网：www.golden-book.com
封底无防伪标均为盗版　　　　　机工教育服务网：www.cmpedu.com